AF243620

UN MOT DE VÉRITÉ

SUR

LE CONGRÈS DE VÉRONE.

UN MOT DE VÉRITÉ

SUR LE

CONGRÈS DE VÉRONE

ET SUR LES

CAUSES DE LA GUERRE D'ESPAGNE.

PARIS,

IMPRIMERIE DE A. GUYOT,

RUE NEUVE-DES-PETITS-CHAMPS, 37.

1831.

UN MOT DE VÉRITÉ

LE CONGRÈS DE VÉRONE,

ET SUR LES CAUSES DE LA GUERRE D'ESPAGNE.

C'EST une chose bien singulière aux yeux d'un étranger que le manque de patriotisme qui se découvre dans ce qu'on appelle le parti libéral en France. Déshonorer sa patrie n'est rien pour ce parti, pourvu qu'il puisse satisfaire la passion du moment, quelle que basse qu'elle soit. Dans les autres pays, on voit bien des partis se déchirer entre eux ; mais en face de l'étranger, mais quand il s'agit de l'honneur de leur pays, ils savent se réunir et montrer qu'ils ne forment tous qu'une même famille. Par une disposition bien différente, les libéraux de France s'acharnent, depuis quinze ans, à présenter leur patrie comme soumise aux caprices des autres puissances de l'Europe, et les princes qui l'ont gouvernée, comme payant de la honte de leur trône le prix de leur restauration. On le pardonnerait encore aux Bonapartistes ; on conçoit le prix qu'ils doivent mettre à détourner de dessus leur patron le reproche d'avoir amené sur ses pas les armées étrangères à Paris, de Moscou, une première fois ; de Waterloo, une seconde. Mais les autres, que peuvent-ils gagner à persuader au monde que la France a subsisté dans l'opprobre depuis l'établissement du Gouvernement constitutionnel ? Croyent-ils que , s'ils parvenaient à en convaincre l'Europe, la honte n'en restât pas attachée à toute la nation? Au demeurant, ils peuvent se rassurer ; les étrangers ne se flattent pas eux-mêmes d'avoir joui de ces avantages sur la France. Ils savent parfaitement à quoi s'en tenir à cet égard. Que les Français permettent à un homme, parfaitement indifférent à cette question d'humiliation nationale, de leur dire ce que le hasard des circonstances l'a mis à portée de savoir ; qu'ils lui permettent de les rassurer sur la prétendue humiliation sous laquelle ils se figurent avoir gémi quinze ans.

Depuis long-temps l'esprit de parti est parvenu, grace au mystère qui recouvre dans ce pays-ci toutes les affaires diplomatiques, à dénaturer complètement des faits glorieux pour la France, sans que personne se soit attaché à montrer la fausseté de ses allégations ; aujourd'hui que, repoussés bien loin dans le passé par les bouleversemens survenus depuis, ils sont déjà tombés dans le domaine de l'histoire, on peut faire voir la vérité dans toute son exactitude sans manquer aux convenances : on peut au moins avertir la crédulité de suspendre sa confiance jusqu'à ce que les pièces , qui seules peuvent fixer l'opinion sur ces faits , soient publiées. Je veux parler du congrès de Vérone et de la guerre d'Espagne, sur lesquels se sont accréditées tant d'étranges erreurs , dont je me propose ici d'indiquer la fausseté aux gens de bonne foi, en attendant que quelques-uns des diplomates qui ont assisté au congrès en fassent connaître les actes.

Je commencerai par repousser une assertion ridicule, qui a été tirée, je crois, d'un journal anglais, et qu'on a répétée à la tribune de la Chambre des Députés, il y a peu de temps. On a dit que les puissances avaient signé à Vérone un traité pour la destruction des Gouvernemens constitutionnels. Ce fait est faux, et n'a aucun fondement que l'impudence de celui qui l'a imaginé le premier, la crédulité ou la mauvaise foi de ceux qui l'ont répété. L'on ne peut dire que ce soit un fait tronqué, travesti, c'est un fait supposé. Je défie quelque homme que ce soit d'en apporter la moindre preuve ; comme tous les documens sont en ce moment placés entre les mains des ennemis de l'ancien Gouvernement, ce défi n'est pas sans quelque valeur.

Laissant donc de côté cette accusation mensongère, passons à cette opinion si chère à l'esprit de parti, si accréditée par ses soins, que la guerre d'Espagne a été décidée par les alliés à Vérone, et imposée par eux à la France, qui ne l'a faite que pour obéir à leur impulsion : c'est principalement cette opinion que je veux combattre. On conçoit qu'elle ait fait fortune, puisque, sans avoir en elle rien de précisément invraisemblable, elle a flatté les passions de plus d'un parti, et qu'elle a surtout flatté l'amour-propre et les intérêts des étrangers. Elle est fausse cependant, et doit tomber devant la connaissance des faits, à moins que les Français ne mettent un prix sans bornes à maintenir une erreur humiliante pour leur pays.

La marche rapide des événemens révolutionnaires en Espagne, la preuve qu'on avait acquise l'année précédente du mouvement qu'ils pouvaient imprimer à d'autres pays, avaient donné, en 1821, aux souverains alliés le désir de se réunir, et de convenir de la conduite qu'ils devaient tenir à l'égard de ce Gouvernement nouveau. Il fut décidé qu'un congrès s'ouvrirait à Vérone, auquel assisteraient les souverains de Russie, de Prusse et d'Autriche, et les plénipotentiaires des royaumes de France et d'Angleterre, dont les rois ne pouvaient quitter leurs États. Les cinq grandes puissances devaient seules être représentées à cette assemblée, et la seule affaire qui dût y être traitée officiellement était celle d'Espagne. Je ne crois pas que le Gouvernement français ait rien fait pour amener cette réunion des puissances ; mais certainement il n'avait aucun intérêt à y mettre obstacle. A cette occasion, je demanderai la permission de m'arrêter un instant, et de dire quelque chose de ces congrès, si fréquens depuis la restauration.

Après la chute complète de Napoléon, les puissances alliées, qui comprenaient que leurs succès n'étaient dus qu'à l'union intime que le danger commun avait fait naître entre elles, furent disposées à entretenir cette union à tout prix ; instruites par l'expérience, elles résolurent d'un commun accord de renoncer à la politique étroite et individuelle, si l'on peut se servir de cette expression, qui les avait guidées dans les temps passés, et de traiter ensemble toutes les grandes questions, toutes les affaires graves dans lesquelles une d'elles pouvait être appelée par ses intérêts, ou simplement par les circonstances, à prendre de ces mesures importantes qui, autrefois, eussent fait sur-le-champ former des alliances hostiles les unes aux autres. Voilà ce qu'était en réalité cette fameuse alliance, décorée en 1815 du nom de Sainte, qui, pour le temps de sa durée, faisait de l'Europe une vaste aristocratie, à la faveur de laquelle étaient évitées les grandes commotions qui l'avaient agitée autrefois, et que l'œuvre imparfaite du congrès de Vienne n'était pas propre à prévenir. Sous son influence, l'oppression d'un peuple, quelque faible qu'il fût, par un autre peuple, était devenue difficile, et il n'y avait de dépendance, pour les petites puissances, qu'envers l'alliance elle-même : avantage qui n'était pas à dédaigner après 25 ans de violences, et après les abus de pouvoir exercés par Napoléon sur les souverains moins puissans que lui. C'est ainsi que tous ces états faibles, qui devaient leur accroissement au congrès de Vienne, avaient pu se consolider, et même se donner des contitutions, malgré la répugnance de quelques grandes puissances voisines pour ceg enre d'innovations.

Une pareille alliance entre les grandes puissances, jusques-là toujours divisées, toujours jalouses les unes des autres, n'avait pu naître que dans un temps de danger commun, et dans des circonstances qui avaient créé des rapports personnels entre les souverains et les chefs des cabinets. Elle avait besoin, pour s'entretenir, de réunions fréquentes, dans lesquelles les liens se resserrassent, et l'intérêt général reprît le dessus sur les idées d'intérêt particulier qui tendaient naturellement à s'établir dans l'esprit des princes, quand ils étaient séparés. C'est ainsi que les insurrections qui avaient menacé de changer la face de l'Italie, qui avaient par conséquent gravement compromis les intérêts de l'Autriche, et pouvaient avoir fait naître des espérances d'aggrandissement dans plus d'un cabinet, avaient réuni les puissances de l'alliance à Troppau et à Laybach, où avaient été posées d'un commun accord les bases de la conduite que la cour de Vienne devait tenir, de l'action qu'elle pouvait exercer. C'est ainsi que l'insurrection de la Grèce, que la Russie aurait, dans les temps antérieurs, regardée comme son affaire à elle seule, dans laquelle elle n'aurait, autant que cela lui eût été possible, consulté que sa politique et ses intérêts particuliers, était devenue sur-le-champ une question européenne, dont les puissances s'étaient occupées de concert. C'est par ce concert des grandes puissances, cette habitude de traiter en commun les affaires qui interressaient le repos de l'Europe, que l'on a pu, pendant plusieurs années, entretenir, dans l'empereur Alexandre cette sorte de désintéressement avec

lequel il abandonnait dans des vues d'intérêt général l'ancienne politique de la Russie à l'égard de
la Grèce ; que plus tard la modération de son successeur se trouva engagée, et que le sultan put
sauver, après une guerre malheureuse qui avait
amené ses ennemis aux portes de Constantinople, la
presque totalité de ses états. C'est ainsi que, depuis,
la France put, sans allumer la guerre en Europe,
et malgré la mauvaise volonté d'une puissance
considérable, envoyer ses troupes en Morée, et
affermir l'indépendance des Grecs ; c'est ainsi qu'elle
put délivrer la Méditerranée des pirates d'Alger
et entreprendre, à la vue de Malte, une expédition pour laquelle il eût fallu dans d'autres temps
affronter une guerre périlleuse et incertaine. Peut-
être enfin peut-on hasarder de dire que, graces
à cette union des puissances, le repos eût pu être
rendu à l'Amérique espagnole, si M. Canning eût
consenti à prendre part à des conférences que la
France demandait, dans les intérêts de l'humanité
et dans ceux du commerce de toute l'Europe.

C'est donc bien à tort qu'on répète, que l'alliance
n'existait que pour détruire la liberté des peuples.
Sans doute, puisqu'elle était contractée entre des
rois, elle ne pouvait pas être destinée à élever des
républiques sur les débris des trônes ; mais elle ne
s'est jamais proposé pour but d'asservir des peuples
libres, et elle a plus servi la cause de l'indépendance
des nations, que n'ont fait les conquêtes de la République ou celles de l'Empire. A la vérité, sous ses

auspices les insurrections de l'Italie ont été compri-
mées. Mais, qui pourrait dire que sans elle ces insurrections ne l'eussent été d'une manière bien plus
fâcheuse encore pour l'indépendance de l'Italie ?
L'Autriche, en effet, dont la domination, dans le
nord de ce pays était menacée, ne pouvait sans y
renoncer s'abstenir de mettre un frein à l'esprit
d'insurrection qui se propageait des Alpes au dé-
troit de Messine, et qui appelait ses sujets à la ré-
volte ; la France était la seule puissance qui eût
pensé à le trouver mauvais. Entre l'extension de la
domination assoupissante de l'Autriche, et le réveil
de l'ambition de la France, entre l'alternative de voir
mettre en question l'existence de tous les états, ou
de défendre, en ce qui les concernait elles-mêmes,
l'ouvrage du Congrès de Vienne, de quel côté
croit-on que se fût portée la sympathie des puissances, qui venaient de détruire l'empire de Napoléon ? Les Français eussent été seuls ; et la guerre
eût probablement rendu bien plus complète que
n'a pu le faire le congrès de Laybach, la domination
de l'Autriche sur l'Italie. Si elle a quelquefois sti-
pulé la répression d'une insurrection, l'alliance a
du moins rendu impossibles les abus de cette répression ; elle a fixé des limites aux occupations
militaires, et les peuples n'ont pas eu à redouter
ces trahisons fameuses dont les siècles précédens
ont été témoins. Sans elle, peut-être, et sans les
engagemens pris librement avec elle par l'empereur Alexandre, l'Europe eût vu ce prince céder à

l'ardeur de son armée, à l'ambition de son cabinet, et profiter de l'insurrection des Grecs, non pour assurer leur indépendance, mais pour morceler l'empire Turc, comme Catherine a morcelé la Pologne. Qui ne sait que l'Autriche ne s'y fût opposée qu'aussi long-temps que le parti de l'empereur n'aurait pas été pris définitivement, mais que, dès qu'il l'aurait été, elle s'y fût résignée en demandant sa part des dépouilles? Pour la Prusse, elle pouvait, en pareil cas, être facilement satisfaite ou contenue. Ainsi, un démenbrement de l'empire Turc aurait été opéré à la vue de la France et de l'Angleterre, qui n'eussent pu s'y opposer, ou que, d'ailleurs, l'on eût divisées sans grande difficulté.

J'ai dit ce que c'était que cette alliance si calomniée, si imparfaitement connue, à laquelle l'Europe doit le repos dont elle a joui pendant quinze ans, qu'on me pardonne quelques phrases sur la part que l'Angleterre y a prise. Quand l'alliance ne fut plus dirigée contre la France, ni resserrée par un danger commun, quand furent finies les grandes affaires qui se rattachaient à celle de la chute de Napoléon, l'espèce d'abnégation d'ambition, que supposait cette fédération des grandes puissances, commença à gêner le gouvernement britannique. Il sentit qu'il donnerait de trop fortes armes à l'opposition, s'il ne bornait pas sa politique aux intérêts particuliers du pays, et s'il la mêlait trop à celle des puissances du continent. De là sa conduite officielle à Laybach, dont, au reste, personne ne fut la dupe; tout le monde sut en effet, que ce gouvernement approuvait ce qui y avait été arrêté; mais qu'il refusait de se placer au nombre des parties contractantes, uniquement parce qu'il ne croyait pas pouvoir avec avantage défendre, devant le parlement une politique qui ne semblait pas dégager suffisamment les intérêts de l'Angleterre de ceux du continent. A plus forte raison, ce cabinet s'est-il plus tard montré peu empressé de prendre part à des combinaisons qui devaient faire jouer à la France un rôle important dans un pays où lui-même en avait joué un si considérable quelques années auparavant, où il s'était flatté d'effacer l'influence française, et de rendre inutile l'œuvre de Louis XIV. A plus forte raison encore s'est-il retiré des conseils de l'alliance, quand il a été question de lui soumettre les plus importantes affaires maritimes ou coloniales. Mais, néanmoins, il ne faut pas croire que le cabinet de Londres n'ait pas pris part à toutes les discussions qui ont occupé l'alliance depuis 1815; tout a été décidé en commun de ce qu'ont fait les grandes puissances. En résumé, je dirai, malgré l'opinion commune en France, que la Sainte-Alliance a été favorable à l'indépendance des états faibles, qu'elle les a préservés de l'abus de la force, qu'elle a maintenu la paix générale, et servi, plus que n'eût fait toute autre combinaison pacifique à rendre à la France une place convenable dans la politique européenne. Pour en juger sainement, qu'on compare ce qu'était ce pays au temps d'Aix-la-Chapelle, à ce qu'il était au temps de la guerre d'Espagne. Qu'on se demande ce qu'il aurait pu faire, seul contre l'Europe, pour reprendre son inffluence, ou s'il aurait pu, pour se faire des alliés, diviser les puissances, si frappées encore du souvenir de son ambition. Mais c'est. assez parler de l'alliance, j'ai voulu seulement montrer qu'on l'a peu connue, ou sciemment calomniée; revenons au congrès de Vérone.

La France, avant que ce congrès ne fût réuni, prévoyait déjà, que, par deux raisons, elle pourrait difficilement échapper à la nécessité de faire la guerre d'Espagne ; premièrement, parce que la révolution de ce pays réveillait et excitait la mauvaise volonté et les espérances des révolutionnaires qu'elle renfermait encore ; que, très-positivement, cette révolution s'alliait avec eux, et que des conspirations s'ourdissaient, qui devaient tôt ou tard éclater ; secondement, parce qu'une opinion puissante se prononçait en faveur de cette guerre parmi les gens attachés au gouvernement du Roi, et qu'il était facile de prévoir que l'on ne pourrait long-temps tenir la balance, entre les royalistes français et les révolutionnaires d'Espagne. De là, les réunions de troupes sur les frontières, le cordon sanitaire et le commencement des préparatifs militaires. Cependant, tout en prévoyant que la guerre pouvait éclater entre les deux pays, le ministre, qui fut depuis président du conseil, cherchait à l'éloigner, décidé, à ce qu'il semble, à ne la faire que si elle ne pouvait être évitée. Sans doute, il ne se dissimulait point d'ailleurs, que la France ne pouvait pas entreprendre contre le gouvernement des Cortès, une guerre, qui, si elle était heureuse, devait se terminer par le renversement de ce gouvernement, et par une occupation militaire, sans avoir l'assentiment de l'Europe, sans avoir l'assurance que ce ne serait pas l'occasion d'une rupture avec d'autres puissances.

Tel était l'état des choses et des esprits, lorsque les souverains, et les plénipotentiaires de ceux qui ne pouvaient s'y rendre, se réunirent à Vienne pour de là aller ouvrir les conférenees à Vérone. Il était convenu que l'on n'y recevrait d'envoyés d'aucune autre cour que des cinq grandes cours alliées. Le but de plusieurs de ces cours était évidemment qu'il fût pris un parti de concert sur l'Espagne, et que la France suivît l'avis qui prédominerait au congrès : mais la volonté très-positive du conseil du Roi était de ne se lier par aucun engagement, et que la France restât parfaitement libre dans ce qu'elle croirait devoir faire à l'égard de l'Espagne. Les instructions furent toutes données dans cet esprit-là depuis le commencement jusqu'à la fin. Je le répète, s'il existe quelques traces d'une disposition contraire, qu'on les rende publiques, et qu'on renonce aux vaines déclamations des journaux et de la tribune.

Les prévisions des événemens de la péninsule n'occupaient pas seuls les esprits, et c'est ce qui explique jusqu'à un certain point tout le temps qu'on a passé à Vérone pour faire si peu de chose. D'ailleurs, il résulta tout naturellement quelque lenteur des dispositions des diverses puissances à l'égard de la question espagnole, la seule qui y ait été traitée officiellement. Le Gouvernement français, qui redoutait, avec une exagération qu'on aura peine à croire aujourd'hui, de se donner l'apparence que ses ennemis ont réussi néanmoins à lui donner, voulait, avant tout, rester maître de sa politique envers l'Espagne; ses plénipotentiaires se bornèrent donc à demander aux alliés le parti qu'ils prendraient s'il arrivait que la France crût devoir à sa sûreté ou à son honneur de faire passer les Pyrénées à ses troupes; il leur fut répondu qu'elle pouvait compter sur l'assentiment, sur l'appui moral de toute l'alliance continentale dans de certains cas spécifiés. Cette question et cette réponse, avec le temps qu'on passa à attendre réciproquement que quelqu'un prît l'initiative, employèrent une bonne partie du séjour des souverains à Vérone. Je parlerai tout-à-l'heure de l'Angleterre; mais d'abord je chercherai à faire comprendre les dispositions des autres cours, et comment on arriva à cette réponse unanime et collective.

L'empereur François avait manifesté fort publiquement en arrivant à Vérone, qu'il ne désirait pas de voir éclater la guerre contre l'Espagne; et il est à remarquer qu'une des dernières pièces communiquées par son cabinet, fut un mémoire de M. Brunetti, agent diplomatique autrichien à Madrid, dans lequel il était dit expressément, et de manière à ce qu'il fût facile de juger que c'était là le point sur lequel ceux qui le communiquaient, et qui l'avaient peut-être composé eux-mêmes, voulaient principalement appeler l'attention; que, sur toute chose, il fallait éviter qu'aucun soldat français ne parût sur le territoire espagnol; que la vue d'un corps de troupes de cette nation donnerait au peuple de la péninsule la même irritation, le même élan qu'il avait eu du temps de Napoléon. Cette communication n'indiquait pas dans le cabinet autrichien une grande envie de pousser celui des Tuileries à la guerre; d'ailleurs, il connaissait les dispositions de celui de Londres, et il est probable qu'il se proposait de travailler à amortir l'ardeur de l'empereur de Russie; sans doute, il n'aurait pas été fâché que les plénipotentiaires français se chargeassent de ce dernier soin, et attirassent sur leur gouvernement l'aigreur qui pouvait en résulter, mais ceux-ci se tinrent dans la ligne qui leur avait été tracée, et, une fois leur communication faite, attendirent patiemment qu'on fût d'accord pour leur répondre.

La Prusse ne dissimula pas qu'elle redoutait la guerre, non qu'elle fût contraire ni aux raisons qui pouvaient y déterminer, ni au but qu'on pouvait se proposer, mais parce qu'elle avait peu de confiance dans la fidélité non encore éprouvée de la nouvelle armée française, qu'elle craignait le moment où celle-ci se trouverait en contact avec l'armée révolutionnaire espagnole, et que toute agitation violente en France lui paraissait un danger pour l'Europe, qu'il était prudent d'éviter.

Pour l'empereur Alexandre, il était d'avis que la révolution d'Espagne fût sur-le-champ comprimée par la force des armes ; il offrait, pour rendre l'entreprise plus facile, l'appui moral de son cabinet, et le secours même de ses armées ; ainsi, à plus forte raison, était-il porté à répondre favorablement aux questions posées par la France. Quant à une guerre immédiate, je ne pense pas qu'il en ait été seulement question dans les conférences de Vérone.

L'Angleterre ne voulait pas voir dans l'affaire d'Espagne une affaire européenne. Elle disait : les plaintes de la France ne sont pas fondées, ses craintes sont vaines ou exagérées, il n'y a aucun doute, cependant, que si elles se réalisaient, la France ne dût déclarer la guerre à l'Espagne, mais ce serait alors une guerre particulière, qui ne peut être la matière des prévisions du congrès ; quand elle surviendra, chaque puissance jugera d'après l'état réel des choses ce qu'elle aura à faire ; le cabinet de Londres ne peut s'expliquer d'avance. En tenant ce langage, M. Canning soutenait à peu près les mêmes principes que son prédécesseur au congrès de Laybach, avec la différence qui résultait de ce que le cabinet britannique était au fond très-favorablement disposé pour les intérêts de l'Autriche, et beaucoup moins favorablement pour la France. Aussi, lord Caslereagh approuva-t-il l'expédition des Autrichiens dans le royaume de Naples, tout autant que M. Canning désapprouva celle des Français dans la péninsule.

J'ai déjà dit que les plénipotentiaires français

avaient posé des questions à leurs alliés, et attendu leur réponse ; ils attendirent ensuite ce que ceux-ci auraient à leur proposer : car il paraît que la France, qui n'avait pas provoqué la réunion du congrès, n'avait plus rien à lui demander. D'ailleurs, il était assez naturel que le ministère qui venait d'être chargé des affaires de la France, mît de la réserve dans ses relations avec les autres puissances ; il était nouveau aux affaires, et se trouvait entièrement étranger aux relations personnelles qui, depuis 1813, s'étaient établies entre les souverains et les chefs des différens cabinets.

Après de longs délais, les alliés étant tombés d'accord entre eux proposèrent aux plénipotentiaires français de convenir d'une suite de démarches, à l'égard du gouvernement des Cortès, qui serait commune à toutes les grandes puissances du continent, l'Angleterre refusant de voir, dans l'affaire d'Espagne, une affaire européenne. Le plan des alliés était de présenter au Gouvernement de Madrid des notes simultanées pour l'engager à introduire des modifications dans la constitution nouvelle, qui pussent permettre à l'Europe de croire à la stabilité de ce Gouvernement, à la terminaison d'une révolution, qui, jusque-là, attaquant chaque jour, soit son propre ouvrage, soit les prérogatives qu'elle avait d'abord laissées au trône, n'était rien moins que stationnaire Ces notes ont été publiées ; elles sont connues ; si elles ne produisaient pas l'effet qu'on pouvait en attendre, les alliés devaient rappeler simultanément

leurs agens diplomatiques, et interrompre toute relation politique avec le Gouvernement des Cortès.
On sait que les chefs de ce gouvernement, eux-mêmes,
convenaient de la nécessité de faire des changemens
à leur constitution ; qu'on ne s'étonne donc pas
trop qu'une partie des puissances pût mettre en avant
l'espérance que l'on céderait aux veux de l'alliance,
qui, au demeurant, se serait probablement reconnue
satisfaite à bon marché ; d'ailleurs, dans le cas contraire, cette démarche combinée ne compromettait
pas beaucoup les alliés, et n'aurait probablement,
pendant long-temps, eu d'autre suite que de les placer, à l'égard de l'Espagne, dans les rapports dans
lesquels ils se sont placés depuis, par une politique à
peu près semblable, à l'égard de don Miguel, en
rappelant d'auprès de lui et simultanément leurs
agens diplomatiques. Cependant, les plénipotentiaires de ce cabinet, que l'on prétend avoir été si dé-
pendant de l'alliance, ne se crurent pas suffisamment
autorisés, pour prendre, au nom de leur Gouvernement, l'engagement qu'on leur demandait, appa-
remment, leurs instructions, comme je l'ai déjà in-
diqué, leur interdisaient toute démarche collective,
toute action dans laquelle la France aurait pu paraître
ne pas agir librement. On convint, en conséquence,
en se séparant, que le cabinet des Tuileries ferait
connaître aux alliés sa détermination, et leur dirait
s'il comptait ou non prendre part à la démarche
qu'ils venaient d'arrêter entre eux. Il est permis
de penser que le chef de l'ambassade française,

qui n'était pas, sur l'affaire d'Espagne, complètement de l'avis du président du conseil, s'avança un peu davantage en son propre nom, et c'est là, probablement, ce qui peu de temps après, quand le conseil du Roi refusa de prendre part à la démarche des alliés, le décida à donner sa démission.

Il ne résultait donc guères du congrès de Vérone que les réponses faites à la France, et les notes préparées pour le gouvernement des Cortès. La France y avait, de plus, appris que l'empereur de Russie la verrait avec plaisir s'immiscer, sous quelque prétexte que ce fût, dans les affaires d'Espagne ; que la Prusse le verrait avec approbation, quant aux principes, avec crainte, quant aux résultats ; enfin, que l'Angleterre et l'Autriche le verraient avec quelque jalousie.

Le conseil du Roi ne jugea pas à propos d'accéder à la proposition que M. de Montmorency avait rapportée de Vérone, il pensa que les alliés pouvaient, sans inconvénient pour eux, retirer leurs agens diplomatiques de la cour de Ferdinand, et interrompre toute relation politique avec les Cortès ; que cette démarche ne pouvait rien produire qui leur fût nuisible ; mais qu'il n'en était pas de même de la France ; que celle-ci ne devait pas abandonner Sa Majesté Catholique, tant qu'elle pouvait être, par la présence de son ministre, utile à la sûreté de sa personne : et que, d'ailleurs, deux grands états limitrophes qui ont depuis long-temps des rapports si multipliés de politique et de commerce, ne pouvaient pas rester dans un état de quasi-hostilité, tel que serait une interruption de relations diplomatiques ; que, par conséquent, le Gouvernement du Roi devait conserver toute la liberté de son action dans ses rapports avec l'Espagne. De là, la retraite de M. de Montmorency, qui avait émis l'avis de prendre part, simultanément avec les alliés, à la suite des mesures qu'ils avaient arrêtées entre eux. Cependant, la guerre n'était pas la conséquence de ces mesures, et elle n'eût peut-être pas éclaté si l'on se fût borné à agir de concert avec les les alliés.

Peu de semaines après la démission de M. de Montmorency, le ministre de France fut rappelé de Madrid, et la guerre décidée. Elle était devenue, en effet, de jour en jour plus difficile à éviter, les événemens marchaient avec rapidité ; la paix n'existait plus que de nom entre les deux pays, les bannis français affluaient dans la péninsule avec le projet, hautement avoué, de révolutionner la France. Dans l'intérieur, un parti s'agitait pour répondre à leur appel, et s'efforçait de séduire les soldats de l'armée d'observation ; toutes ces menées, tant au dedans qu'au dehors, étaient bien plus connues du Gouvernement qu'on ne l'a dit. D'un autre côté, un parti de royalistes, nombreux, influent, soit sur les Chambres, soit sur la cour et le ministère, se prononçait chaque jour davantage pour la guerre. La répugnance du ministère à se jeter dans les hasards d'une grande entreprise le

perdait dans un parti, sans lui gagner de l'appui
daus l'autre. D'ailleurs, bien des gens sages et dé-
voués jugeaieut qu'une guerre serait utile, qu'elle
formerait l'armée, et affermirait le trône : elle fut
donc décidée, mais fort en secret ; la France et les
cabinets étrangers ne l'apprirent que par le dis-
cours du Roi à l'ouverture de la session. L'ambas-
sadeur d'Angleterre se montra même, dit-on, fort
choqué de ce profond mystère.

Cette détermination, je le répète, n'était pas
une conséquence du congrès de Vérone. Elle n'avait
été concertée avec aucun cabinet ; et, si l'on était
sûr que l'empereur de Russie y applaudirait au
fond de son ame, on pouvait bien aussi soupçonner
qu'il aurait quelque ressentiment de ce que la
France n'avait pas voulu en faire, comme il l'aurait
désiré, une affaire de l'alliance. L'on n'était donc
pas parfaitement assuré qu'il voulût appuyer assez
fortement lé parti pris par la France auprès des cabinets auxquels ce parti pourrait ne pas plaire ; et
l'on pouvait, sans craindre de se tromper, placer
au nombre de ceux-ci le cabinet de Londres, et en
quelque manière aussi celui de Vienne. Ces prévisions étaient justes, jusqu'à un certain point. Il
est permis de croire qu'elles influèrent sur la détermination qui fut prise, et maintenue peut-être avec
exagération, par le Gouvernement français, d'éviter
tout ce qui pourrait donner le moindre ombrage à
ses alliés. De là, le refus obstiné d'entrer dans aucune
espèce de rapport avec les royalistes insurgés du

Portugal, que leurs revers avaient contraint à se réfugier en Espagne ; de là, l'établissement d'une régence, dès que l'armée eût passé les Pyrénées, et la demande adressée à toutes les cours d'accréditer des agens diplomatiques auprès d'elle, mesure évidemment gênante pour l'expédition qu'on entreprenait. Mais l'on savait parfaitement le mauvais effet qu'allait produire sur l'opinion publique, en Angleterre, l'entrée de nos troupes en Espagne, et l'irritation qu'elle causerait à tout le parti whig et en particulier à M. Canning. Cette considération n'arrêta pas le conseil du Roi, mais le décida probablement à ne fournir à ce ministre ni nouveaux prétextes pour pousser l'animosité du peuple anglais à un éclat, ni moyens de diviser l'alliance continentale. Les Anglais pouvaient, en effet, créer à la France en Espagne des obstacles presqu'insurmontables, ou preparer des entraves très-gênantes à la partie politique de son entreprise. La conduite franche et loyale du cabinet des Tuileries prévint ces dangers.

A M. de Montmorency avait succédé M. de Chateaubriand, dont la prompte décision et la pénétrante sagacité dirigèrent heureusement et glorieusement les affaires au milieu des écueils sur lesquels aurait échoué l'hésitation ou l'inexpérience. Certes, il est bizarre que ce soit ce ministre qu'on ait tant accusé d'avoir mis, ou d'avoir laissé la France à la remorque des cabinets alliés. On ne sait laquelle on doit le plus admirer on de l'impudence des in-

venteurs de pareilles imputations., ou de la pré-
occupation des partis qui les ont adoptées. Elles
ont dû au moins étonner les cabinets, dont elles
réhaussaient la puissance aux dépens de l'honneur
de la France.

L'empereur de Russie applaudit au parti qui
avait été pris ; les autres puissances continentales
y donnèrent nettement l'appui moral de leur assentiment ; et l'humeur de l'Angleterre se calma d'a-
bord et sé dissipa ensuite, devant une fermeté
pleine de modération et de sagesse. Alors on
ne s'imaginait pas de dire dans ce dernier pays
que le cabinet de France fût à la remorque des
autres. Ce qui y avait donné tant d'humeur n'était
assurément pas de voir le principe constitutionnel
menacé en Espagne, personne n'aura la bonho-
mie de le croire, mais de voir la France prête à
jouer un rôle important dans la politique de l'Europe. C'était alors le premier usage qu'elle faisait
de ses forces. Les Anglais supposaient qu'elle allait
acquérir une grande influence sur les conseils de
Ferdinand, en rétablissant ce prince sur son trône,
et il était simple qu'ils en conçussent une certaine
irritation, eux qui avaient tant versé de sang et
sacrifié tant d'argent en Espagne sans pouvoir éviter d'y être détestés. Comment est-il arrivé que
les Français ont éprouvé à peu près le même sort ?
On en a fait un grave reproche aux ministres qui
dirigeaient alors les conseils du Roi. Quelques observations à ce sujet ne seront peut-être pas sans

intérêt, si elles peuvent servir à rectifier des opinions fausses que l'on n'a pris jusqu'ici aucun soin de combattre.

Personne ne peut feindre d'ignorer qu'il existait en France un parti, qui, sans trop savoir ce qu'il voulait, déplorait les concessions faites à l'esprit du temps, blâmait le système constitutionnel introduit par la Charte, et sympathisait au-dehors avec les gens qui partageaient son éloignement pour les institutions nouvelles. Ce parti était le plus grand ennemi de M. de Villèle, comme il l'a bien prouvé depuis, puisque c'est lui qui a, plus tard, décidé la chute de ce ministre. Par ses correspondances au dehors, il s'attachait à décrier M. de Villèle et son système, en les représentant comme imbus l'un et l'autre des opinions opposées à celles que professaient ceux qui s'appelaient exclusivement des royalistes purs. Les affaires d'Espagne, le désarmement des soldats de la régence d'Ugel, la répugnance du ministère à pousser les choses à l'extrême, fournirent à ceux-ci des prétextes dont ils profitèrent. Ils étaient loin alors de croire M. de Villèle partisan de l'absolutisme, comme l'ont prétendu depuis les gens d'un autre parti, qui l'ont fait croire à la foule toujours crédule. Liés avec les Espagnols qui avaient pris les armes contre le Gouvernement des Cortès, ils leur communiquèrent leur défiance et leur antipathie contre le ministère français. Les uns et les autres se plaignirent amèrement et hautement de la conduite qu'on

tenait à l'égard des insurgés espagnols, et de ce que
le Gouvernement ne prenait pas conseil des chefs
de l'armée de la foi, dans lesquels, pour le dire en
passant, il paraissait n'avoir pas la plus légère
confiance. De là résultait qu'au moment où la
guerre fut résolue, les royalistes espagnols et le
roi Ferdinand lui-même étaient en inimitié ouverte
avec le ministère de France. Aussi, lorsque, l'armée une fois au-delà des Pyrénées, on chercha des
hommes qui pussent être mis provisoirement à la
tête des affaires, les Français, sans trop le savoir,
sans s'imaginer que les préventions ne céderaient
pas devant d'aussi imminens services, remirent le
pouvoir aux mains de quelques personnes (les seules,
au reste, qui se soient présentées), qui avaient
contre lui la plus profonde méfiance. Ces royalistes espagnols, reste du parti excité et soutenu
long-temps par M. Tatischeff, le plus actif des
agens russes, cherchèrent bientôt à s'appuyer
de la Russie contre la France, qui les gênait par
un désir ardent, et quelquefois trop actif, de
travailler au rétablissement de l'ordre et du bon
accord, deux choses également odieuses à leur
parti. Jusque dans Cadix parvinrent au roi Ferdinand des conseils pour exciter sa méfiance
contre les Français, et surtout contre le prince
qui les commandait et qui marchait à sa déli-
vrance. On lui avait persuadé que M. le duc d'An-
goulême voudrait le contraindre à transiger avec
ses peuples et à leur donner une constitution :

aussi ne régna-t-il pas plus de cordialité entre les deux princes qu'entre les deux Gouvernemens. Cette défiance, entretenue peut-être par quelques suggestions étrangères, empêcha constamment que le cabinet des Tuileries n'acquît la plus légère influence sur celui de Madrid. C'est ainsi que, malgré des efforts constans, quelquefois trop vifs pour le caractère espagnol, l'on n'a jamais pu obtenir ni clémence, ni amnistie, ni disposition à un arrangement avec l'Amérique, ni grande mesure financière. Peut-être, mais il est difficile de hasarder une opinion à cet égard, le Gouvernement français eût-il mieux fait, en entrant en Espagne, de retenir en ses mains toute force publique, toute administration, jusqu'à ce que l'ordre eût été rétabli. Ne prenant pas ce parti, il y en avait un autre qui, par le fait, aurait été meilleur que celui qu'on a pris, celui de retirer les troupes le plus tôt possible, et de ne se mêler de rien.

Si l'on veut accorder quelque confiance à ce qui vient d'être dit, peut-être consentira-t-on à croire qu'il serait bien possible qu'en effet la France ait fait la guerre d'Espagne de son plein gré, et sans obéir à une impulsion étrangère. Le doute une fois admis, l'on trouvera facilement les preuves. Mais, dira-t-on, comment se fait-il que l'opinion contraire soit si généralement répandue, qu'elle ait été si peu ou si inutilement combattue? Et que veut dire, alors, la fameuse phrase de M. de Villèle prononcée à la tribune de la Chambre des députés?

Cette phrase, pour commencer par elle, donne,

il est vrai, si en effet elle a été dite, telle qu'on la répète, le droit d'en tirer le parti qu'on en a tiré. Dans le moment, elle frappa plus les gens de l'administration que le public; quelques observations furent adressées à M. de Villèle, qui s'excusa sur l'improvisation, et qui, d'ailleurs, expliqua son idée dans un sens fort différent de celui qu'on avait trouvé dans sa phrase. Il disait une chose qui devrait être comprise aujourd'hui; c'est que la France ne pouvait rester immobile spectateur des événemens qui se passaient en Espagne; qu'il faudrait bien qu'elle se décidât ou à les favoriser, ou à combattre leurs principes; qu'il fallait, ou concevoir un grand système de changemens politiques (dans le genre de celui que les orateurs et l'opposition ont, à plusieurs reprises, recommandé à la tribune), se mettre à la tête des tentatives révolutionnaires et tourner les armes de la France contre l'Allemagne, ou, de concert avec les anciens Gouvernemens, étouffer le germe naissant des révolutions constitutionnelles. Néanmoins, cette phrase de M. de Villèle sera long-temps encore répétée par un public ignorant des faits, comme une preuve de la vérité des reproches adressés au ministère de la restauration, et à la restauration elle-même.

Quant à l'objection tirée du grand nombre de ceux qui ont adopté l'opinion que je combats, qu'on veuille bien remarquer, que cette opinion a été répandue et accueillie par l'esprit de parti. Les royalistes que j'ai désignés plus haut, y ont travaillé tout comme les libéraux. Ils avaient un certain intérêt à ne pas reconnaître à un ministère, si décrié par eux comme l'ennemi de la royauté en Espagne, le mérite d'avoir de son propre mouvement relevé cette royauté abattue. J'en dirai autant du parti apostolique au-delà des Pyrénées. Enfin les agens russes ont pu profiter de cette opinion pour rehausser l'idée que l'on se faisait déjà de l'influence puissante de leur maître, et pour décerner gratuitement à ce prince le premier honneur dans la détermination prise par le Gouvernement français. Je ne prétends pas assurer que le cabinet de Pétersbourg n'ait en aucune manière travaillé à influer sur cette détermination; mais si cela est, ce serait, non pas en agissant immédiatement sur le ministère, mais en agissant sur l'opinion, moyen d'influence que présente la nouvelle forme du Gouvernement aux gens qui savent l'employer. Au reste, quelque opinion que les Français adoptent sur la guerre d'Espagne, il y a une justice qu'ils doivent rendre à l'empereur Alexandre, c'est que la France a eu à cette époque tout lieu de se louer, et de lui, et de ses principaux agens diplomatiques. Quoiqu'on ait avec persévérance cherché à exciter, dans l'esprit de ce prince, une grande défiance contre les intentions du ministère français, et surtout contre M. de Villèle, il n'a pas dans le cours de cette entreprise, suscité le moindre embarras au Gouvernement du Roi, il s'est, en toute occasion, montré prêt à travailler, de concert avec lui, à écarter tous ceux qui pouvaient s'être élevés, et sa conduite a toujours été pleine de franchise et de loyauté.

En résumé, l'on peut affirmer, sans craindre d'être démenti par aucun homme de bonne foi, et connaissant les affaires de ce temps-là, que la guerre d'Espagne n'a été ni décidée à Vérone, ni imposée à la France, ni promise par elle ; qu'elle a été décidée à Paris, sans que les cabinets alliés aient été ni consultés, ni prévenus ; et que, ni à Vérone, ni pendant la guerre d'Espagne, l'on ne citerait pas un acte, pas un office, pas une note, qui renferme soit une preuve de la prépotence étrangère, soit un témoignage de condescendance timide de la part du cabinet des Tuileries. Si M. le général Sébastiani conserve quelques doutes à cet égard, il peut se faire représenter les papiers de son ministère ; il y trouvera probablement des preuves convaincantes, que le ton de la France, dans ses relations diplomatiques, était entièrement différent de ce qu'on aime à le supposer aujourd'hui. La vérité est que le parti royaliste était beaucoup moins endurant que n'aurait pu l'être celui qui lui était opposé, précisément parce qu'il ne voulait pas qu'on pût se tromper, ni en France ni au dehors, sur ses véritables dispositions.

Si quelques-uns des faits que je viens de rapporter sont faux, les pièces qui peuvent le prouver sont entre les mains des personnes qui ont intérêt, ou au moins qui paraissent en mettre, à rabaisser le Gouvernement contre lequel la Providence a prononcé. Je ne crains pas qu'elles en produisent.

FIN.